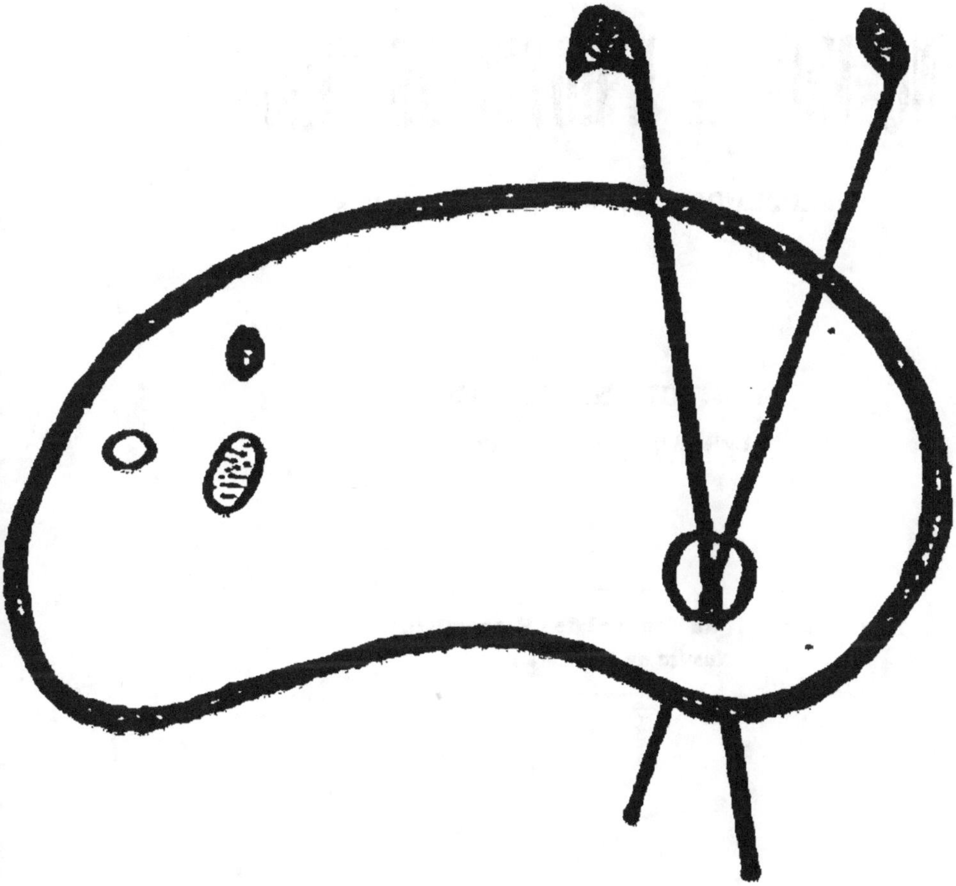

DEBUT D'UNE SERIE DE DOCUMENTS
EN COULEUR

SOUVENIRS

DU SIÉGE DE PARIS

CINQ MOIS A L'HOTEL-DE-VILLE

(SEPTEMBRE 1870 — JANVIER 1871)

PAR

J.-J. CLAMAGERAN

Ancien Adjoint au Maire de Paris

Extrait du Journal des Économistes
(Numéro de Décembre 1871).

PARIS

LIBRAIRIE DE GUILLAUMIN ET Cᵉ, ÉDITEURS

De la collection des principaux Economistes, des Economistes et Publicistes
contemporains, de la Bibliothèque des sciences morales et politiques,
du Dictionnaire de l'Économie politique,
du Dictionnaire universel du Commerce et de la Navigation, etc.

14, RUE RICHELIEU, 14

1872

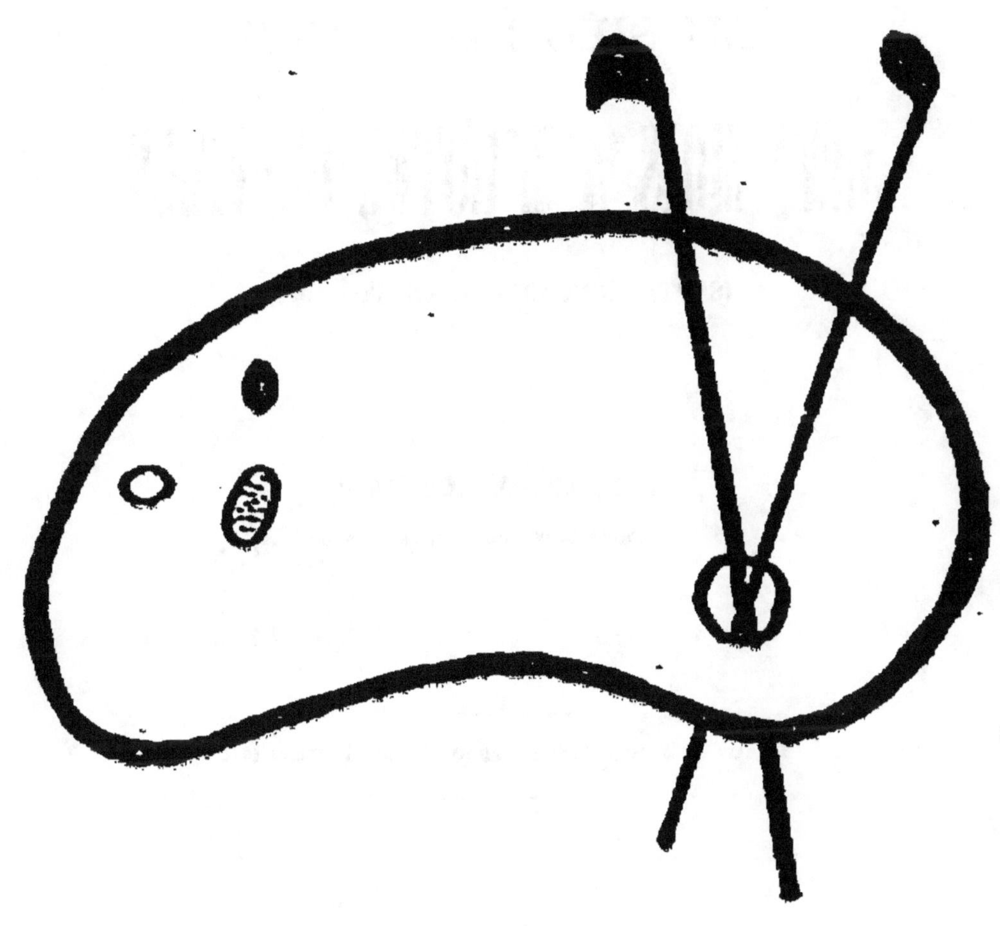

FLY D'UNE SERIE DE DOCUMENTS
EN COULEUR

SOUVENIRS

DU SIÉGE DE PARIS

CINQ MOIS A L'HOTEL-DE-VILLE

(SEPTEMBRE 1870 — JANVIER 1871)

PAR

J.-J. CLAMAGERAN

Ancien Adjoint au Maire de Paris

Extrait du **Journal des Économistes**, décembre 1871

PARIS

LIBRAIRIE DE GUILLAUMIN ET _C°_, ÉDITEURS

De la collection des principaux Économistes, des Économistes et Publicistes
contemporains, de la Bibliothèque des sciences morales et politiques,
du Dictionnaire de l'Économie politique,
du Dictionnaire universel du Commerce et de la Navigation, etc.

14, RUE RICHELIEU, 14

1872

CINQ MOIS A L'HOTEL-DE-VILLE

(SEPTEMBRE 1870 — FÉVRIER 1871)

SOMMAIRE. — Les approvisionnements de Paris avant l'investissement.— Difficultés provenant de l'octroi. — Les magasins de la ville et les magasins du commerce. — Effets du régime administratif. — Supériorité du mécanisme commercial. — La mairie centrale, les municipalités des arrondissements, la commission des subsistances et le gouvernement de la défense nationale. — Effets des réquisitions, du rationnement et de la taxe.—Manifestations et réclamations illibérales de l'opinion publique, des clubs, des assemblées des maires, de la presse. — Les distributions gratuites. — La période du ravitaillement. — Nécessité d'une réforme morale en France pour corriger l'esprit autoritaire et réglementaire. — Défauts et qualités de la population française ; symptômes de régénération.

A M. JOSEPH GARNIER, *rédacteur en chef du* JOURNAL DES ÉCONOMISTES.

Vous me dites, mon cher Garnier, que mon passage aux affaires, pendant le siége de Paris par les Prussiens, a dû me laisser des souvenirs et me suggérer des réflexions qu'il pourrait être utile de communiquer aux lecteurs du *Journal des économistes*.

J'ai eu en effet l'honneur d'être adjoint à la mairie de Paris, depuis le 5 septembre 1870 jusqu'au 15 février 1871. Mes attributions n'étaient pas très exactement définies, mais les subsistances en furent dès le début l'objet principal et peu à peu l'objet unique. Placé comme intermédiaire entre les chefs de service qui appartenaient presque tous à l'ancienne administration et les membres du gouvernement nouveau, en contact perpétuel avec le public, surveillant le travail des mairies locales, assiégé par des réclamations incessantes, en proie au zèle des donneurs d'avis, j'ai été à même d'observer, au milieu d'une crise terrible, l'état des esprits, les habitudes et les tendances, soit au dedans, soit au dehors de la sphère administrative ; j'ai pu suivre de près les effets immédiats et de loin le contre-coup de mesures graves, les unes dont j'avais pris l'initiative ou que j'avais simplement approuvées et que j'étais chargé d'exécuter, les autres que j'avais combattues en vain.

Malheureusement les notes et les correspondances qui m'auraient aidé à préciser mes observations, ont disparu, pour la plupart, dans l'incendie de l'Hôtel de Ville. J'essaierai d'y suppléer en m'attachant à quelques faits qui ont laissé dans ma mémoire des traces profondes et nettes. Ce n'est pas sans une certaine tristesse que je me décide à le faire, car en se reportant à une époque de périls, d'angoisses et de souffrances, on risque de raviver bien des douleurs, mais les épreuves que nous avons subies sont de celles qu'on ne doit pas oublier : leur amertume donne une saveur particulière aux enseignements qu'on y puise.

Entre la révolution du 4 septembre et l'investissement complet de Paris, douze jours s'écoulèrent. Les approvisionnements de toutes sortes affluaient. Aux commandes de l'État et du libre commerce venaient se joindre les récoltes et les réserves des cultivateurs fuyant effarés devant l'invasion. Dans les gares et aux barrières l'encombrement était prodigieux. Deux circonstances contribuaient à l'augmenter : l'insuffisance du camionnage et la visite de l'octroi. Les compagnies des chemins de fer déployaient beaucoup de zèle, mais, prises au dépourvu, elles n'avaient pas su réorganiser leurs services sur des bases suffisamment larges. Elles souffraient en outre de ce désordre général qui s'était glissé, sous l'empire, dans toutes les administrations ; des masses de colis expédiés sous le couvert de l'intendance, pour le compte de divers négociants, n'étaient réclamés ni par l'intendance, ni par les négociants, ceux-ci se reposant sur l'intendance et l'intendance sur eux ; il eût été bien plus commode et bien plus prompt de remettre le tout en bloc au destinataire véritable en le laissant se débrouiller ensuite avec les intermédiaires ; on finit, je crois, par s'y résoudre, après avoir perdu un temps bien précieux.

Quant à l'octroi c'était un obstacle qu'un simple décret pouvait lever. Je proposai de le suspendre d'une manière absolue, pendant une quinzaine. M. Et. Arago était alors maire de Paris ; il ne redoutait pas les mesures radicales et son patriotisme saisissait avec empressement tous les moyens propres à prolonger la résistance. Il approuva le projet qui fut porté au conseil du gouvernement. Là des objections surgirent. On disait que cette immunité provisoire étendue aux marchandises des entrepôts ferait perdre au Trésor et à la Ville de grosses recettes ; restreinte aux marchandises du dehors, elle créerait une inégalité choquante parmi les commerçants, au préjudice des entrepositaires. Nous répondions qu'il n'y a pas de dégrèvements, momentanés ou définitifs, qui ne nuisent à quelques intérêts privés, tout en diminuant les ressources fiscales, ce qui n'empêche pas qu'on y ait recours quand l'intérêt public l'exige. On s'arrêta à un terme moyen : on exempta des droits les denrées et marchandises introduites en quantité limitée et pouvant être considérées comme provisions de famille. On facilitait ainsi le passage des réfugiés, mais on ne supprimait pas les retards causés par les visites et les perceptions aux barrières. Cet exemple permet d'apprécier de quel poids pèse sur les peuples un système contributif vicieux. Les impôts de consommation très-aimés des financiers, parce qu'ils sont très-productifs, critiqués par les économistes parce qu'ils sont iniques et gênent les transactions commerciales, créent à la longue autour d'eux un ensemble d'intérêts qui militent en leur faveur. Une crise arrive et met en évidence leurs défauts en les grossissant. Ils subsistent néanmoins protégés par le milieu où ils ont pris racine ; ils compromettent, sans qu'on ose les écarter, les affaires les plus graves, les plus urgentes, celles qui touchent au salut même de la patrie. Conservateurs e révolutionnaires semblent d'accord pour les maintenir, les premiers ne voulant d'aucune réforme, les seconds poursuivant des réformes chimériques qui les dégoûtent des autres.

A mesure que nos magasins s'emplissaient, je les visitais, accompagné par un inspecteur des halles et marchés. Cette visite à laquelle je consacrai plusieurs jours, avait surtout pour but de vérifier les existences. Je me méfiais des tableaux qui m'étaient remis. Nous savions, par une cruelle expérience, quel abîme il peut y avoir entre les déclarations officielles et la réalité. L'administration française tout entière se trouvait, par suite de nos désastres, sous le coup d'une suspicion bien naturelle, trop souvent hélas ! justifiée par les faits. Cette fois, heureusement, l'épreuve tourna en sens inverse. Nous n'eûmes à constater aucun déficit imprévu. Les sacs de farine énumérés dans les tableaux n'existaient pas seulement sur le papier, j'eus le plaisir de les voir et de les palper, non pas tous, car il y en avait près de deux cent mille, mais un nombre suffisant pour contrôler les écritures e en constater l'exactitude.

Rassuré sur le point le plus inquiétant et le plus essentiel, je portai mon attention sur des détails qui ne laissaient pas d'avoir une certaine importance et j'eus alors l'occasion de comparer les magasins de la ville avec ceux du commerce. Les uns et les autres contenaient des dépôts de denrées alimentaires achetées par l'État pour la consommation de Paris. Les magasins du commerce me parurent bien supérieurs. C'était vraiment un spectacle admirable que de voir de pareils amas de marchandises disposés avec tant d'ordre, surveillés avec tant de soin dans de longues galeries si bien aérées, si bien tenues de toute manière, si simplement et si commodément construites. Les greniers d'abondance situés près de la·Bastille, les établissements de MM. Moranvillé et Trotrot à la Villette, les derniers surtout, méritaient à cette époque d'être cités comme des modèles. Il serait injuste de les oublier aujourd'hui, car ils ont été brulés par la commune, malgré les services qu'ils avaient rendus pendant le siége.

Les magasins de la ville étaient loin d'offrir un spectacle aussi réjouissant. Établis pour la plupart dans des édifices d'un aspect monumental, leurs aménagements intérieurs ne répondaient pas aux apparences du dehors. A la halle au blé les sacs de farine étaient entassés sur une hauteur énorme, tandis qu'à la Villette les étages nombreux et bas permettaient d'isoler chaque rangée. Aux pavillons des halles centrales, le sous-sol humide et sale exposait beaucoup de denrées à se corrompre rapidement. Bien des fromages périrent ainsi, emportant avec eux les plus vifs regrets des Parisiens. Il y avait là également des pommes de terre qui se gâtèrent bien vite ; mais il faut dire qu'elles avaient été achetées au mois d'août dans de mauvaises conditions ; c'était un legs de l'administration impériale. Dès les premiers jours de septembre, elles répandaient une odeur nauséabonde.

Les dépôts provisoires, improvisés à la hâte dans la cour des Invalides et derrière l'école militaire, présentaient des inconvénients bien autrement graves. Les approvisionnements s'y trouvaient sans abri, aux approches de la saison pluvieuse. On les couvrait, comme on pouvait, avec des bâches en cuir ou en toile, en attendant que les hangars sous lesquels on devait les mettre, fussent construits, construction commandée trop tard et conduite avec mollesse. Dans un quartier voisin une vaste usine était libre. On avait songé avec raison à l'utiliser et elle figurait en effet sur la liste de nos magasins ; mais quand je la visitai, je la trouvai presque vide. Je ne dissimulai ni ma surprise ni mon mécontentement. On me donna comme excuse la difficulté de se procurer des chevaux. Or à deux pas de là, séparés de nous par une mince cloison, je découvris sans peine quatre-vingts chevaux robustes, parfaitement reposés, car ils ne travaillaient pas depuis quatre jours. Peu de temps après, l'usine était pleine ; ce qu'elle recevait était autant d'enlevé aux dépôts en plein air du quartier des Invalides.

Je ne voudrais pas tirer de faits particuliers des conclusions trop générales, mais je ne crois pas être téméraire en affirmant que le ré-gime administratif, conçu et pratiqué comme il l'est dans notre pays, étouffe l'initiative personnelle, énerve le sentiment du devoir, rend

les hommes insouciants, inaptes aux affaires qui exigent une activité
toujours en éveil, une exécution prompte et vive. Tous les agents de
l'administration ne subissent pas au même degré cette influence ;
aucun n'y échappe entièrement.

Les entrepreneurs qui travaillent pour le compte de l'État parti-
cipent dans une certaine mesure à la somnolence administrative.
Ce n'est pas qu'ils soient incapables de grandes choses. Ils en ont
fait de très-grandes pendant le siége. L'impulsion donnée par la
mairie de Paris, par le ministre du commerce, et surtout par le ministre des travaux publics M. Dorian, n'a pas été infructueuse. Des canons
ont été fondus en quantité suffisante pour les besoins de la défense,
des abris ont été construits pour les bestiaux sur une étendue de
plusieurs kilomètres, des moulins à vapeur ont été installés dans
les gares de chemins de fer et dans une vaste annexe de l'usine Cail.
Ce sont là des travaux mémorables. Mais tout en faisant la part de
l'éloge, la critique réserve ses droits : Pas une seule de ces entre-
prises n'a été réalisée au jour promis. Des circonstances fortuites ont
empêché les retards d'être aussi nuisibles qu'ils auraient pu l'être.
Ils l'ont été néanmoins. Pour me borner à un exemple je citerai les
moulins : achevés quelques jours plus tôt, c'est-à-dire conformément
au traité passé avec la maison Cail, ils nous auraient permis d'avoir
une réserve, et cette réserve aurait singulièrement facilité les
distributions de farines aux boulangers car on aurait fait à l'avance
et à l'aise ce qu'il fallut faire à la hâte, à travers mille obstacles,
le moindre accident pouvant mettre en péril la subsistance du lendemain. Il est vrai qu'on n'avait pas les mêmes ressources qu'en
temps ordinaire. Les ouvriers consentaient avec répugnance à inter-
rompre leur service dans la garde nationale; les gros salaires ne
suffisaient pas pour les attirer ; il fallait leur faire comprendre que
leur travail n'était pas moins utile à la patrie que la garde des rem-
parts ; quelques-uns refusaient obstinément. D'un autre côté il y a
dans les crises suprêmes quelque chose qui remue les cœurs, qui
stimule les volontés. Et puis, les difficultés provenant d'une situa-
tion exceptionnelle pouvaient être prévues, elles devaient être
calculées ; elles justifiaient la stipulation de délais plus longs : elles
ne justifiaient pas des livraisons tardives en dehors des délais con-
venus. Par la tolérance de l'ancienne administration et par d'autres
causes encore l'inexactitude était devenue habituelle, je dirais presque naturelle. Je me souviens de la stupéfaction d'un de nos entrepreneurs à qui je demandais si en parlant de huit jours il entendait
bien dire une semaine et s'il serait prêt au bout de ce temps. Il ne
comprenait pas qu'on pût être si pointilleux. Un délai fixe et rigide
lui paraissait quelque chose d'inouï.

Le seul groupe social où le temps soit apprécié à sa juste valeur, c'est le groupe des commerçants. Là se retrouve l'exactitude vainement cherchée ailleurs. J'en ai eu de nombreuses preuves pendant le siége. Mes rapports avec les syndics de certaines corporations ont été fréquents. Si j'avais à recommencer la même épreuve (ce qu'à Dieu ne plaise) je voudrais les multiplier davantage et les rendre plus intimes. Au plus fort de la crise, les syndics des épiciers, des marchands de bois et des marchands de charbon, surtout ceux des boulangers ont été nos plus précieux auxiliaires. On a regretté quelquefois d'avoir négligé leurs avis, presque toujours on a été heureux de les avoir suivis. Dans certains cas on a eu recours non-seulement à leurs conseils, mais à leur intervention active, par exemple pour la distribution ou l'achat de combustible et de denrées alimentaires. Avec eux pas de rendez-vous manqués, pas d'ordres mal saisis, pas d'affaires traînantes. Leur zèle était vraiment à la hauteur des circonstances. Deux d'entre eux (MM. Vaury et Plouin) ne craignirent pas de s'installer à la caisse de la boulangerie, à côté du directeur, pour faire face aux difficultés de plus en plus grandes de la livraison des farines: ils m'avaient indiqué des réformes qui me semblaient judicieuses; je leur offris de les mettre eux-mêmes en pratique; après quelques hésitations, car il s'agissait d'une tâche lourde et périlleuse, ils acceptèrent et nous donnèrent vaillamment un concours entièrement gratuit.

J'ai tenu à montrer que le commerce, qui sous l'aiguillon de la concurrence rend les hommes exacts et prompts, n'étouffait pas en eux l'amour de la chose publique. Je me garderais bien de dire qu'il l'inspire nécessairement à tous ceux qui le pratiquent. Le désintéressement est rare dans toutes les professions. Beaucoup de commerçants ont profité, sans mesure et sans pudeur, de nos calamités pour s'enrichir. Beaucoup ont eu recours à la fraude et aux plus tristes manœuvres, soit pour échapper aux taxes qui, dans une ville fermée, limitaient leurs bénéfices, soit pour faire sortir les viandes et les boissons dont le débit était plus profitable dans les communes suburbaines. Il y aurait partialité en leur faveur à les juger tous d'après leurs syndics. Ce qui est vrai, c'est qu'ils possèdent à un plus haut degré que les administrateurs civils et militaires, la notion de la valeur du temps, qualité suprême sans laquelle les projets les mieux combinés ne peuvent manquer d'échouer. La cause de leur supériorité ne doit pas être cherchée bien loin, elle tient à ce fait incontestable que le mécanisme commercial est infiniment plus simple, plus rationnel que le mécanisme administratif.

Dans tous les temps et dans tous les pays, le mécanisme administratif, par la force des choses, est lourd et compliqué; mais à

Paris, à l'époque du siége, il dépassait comme complication tout ce qu'on peut imaginer. Il semble que toutes les affaires de subsistances auraient dû être concentrées entre les mains de la mairie de Paris, assistée par un conseil municipal élu ou par une commission tirée du sein de ce conseil, car quoi de plus naturel qu'une ville s'occupe elle-même de sa propre alimentation? A cause des circonstances, il y aurait eu lieu de s'entendre sur quelques points avec certains membres du gouvernement, avec le ministre de la guerre, le ministre du commerce, le gouverneur, ou même avec le gouvernement tout entier. La nécessité de cette entente, renfermée dans des limites étroites, n'aurait pas compromis la marche générale des affaires. Tout autre était le système qui fonctionnait.

D'abord il n'y avait pas de conseil municipal. L'assemblée des maires et adjoints d'arrondissements qui se tenait à l'Hôtel de Ville était plutôt consultative que délibérante; ses décisions en fait exerçaient parfois une grande influence; en droit, elles n'avaient rien d'obligatoire. Elle s'occupait de beaucoup de choses, et entre autres des approvisionnements, mais avec peu de suite, les préoccupations politiques et stratégiques la détournant sans cesse des affaires purement administratives. Rentrés dans leurs arrondissements, les maires et adjoints se trouvaient chargés d'exécuter des mesures qu'ils n'avaient pas délibérées et qui avaient été discutées par eux d'une manière insuffisante; l'exécution s'en ressentait, elle manquait souvent de fermeté; elle variait d'un quartier à l'autre; chaque circonscription avait son régime à part. On fit ainsi l'expérience de la décentralisation, mais on la fit dans de mauvaises conditions; une ville, quelque grande qu'elle soit, forme un tout qui ne se laisse pas impunément morceler : les intérêts communs l'emportent trop dans son sein sur les intérêts de localité; d'ailleurs nous traversions une crise qui exigeait plus que jamais la concentration des efforts et l'unité de direction.

Les rapports de la mairie centrale avec les mairies d'arrondissements n'étaient pas toujours faciles; au fond cependant, sauf de rares exceptions, ils étaient empreints de cordialité. Des vues d'ensemble, des projets bien combinés bien liés n'auraient donc pas été impossibles, s'il n'y avait eu, à côté ou au-dessus du pouvoir municipal, deux ou trois autres autorités intervenant dans les affaires de la ville.

Les achats de bestiaux, de farines et autres denrées alimentaires avaient été faits par le ministère du commerce. C'était lui qui en disposait. De là des anomalies bizarres, des enchevêtrements d'attributions inextricables et à la longue, malgré la bonne volonté réciproque, des conflits. La municipalité réglait la taxe du pain; le ministère du commerce réglait celle de la viande. La garde et l'entretien des bestiaux appartenait au ministère du commerce seul; la municipalité était dépositaire des farines, des légumes secs, des pommes de terre et en général de tous les objets susceptibles d'être emmagasinés. Les farines déposées dans nos magasins n'en pouvaient sortir que sur un ordre du ministère; une fois l'ordre donné, la distribution aux boulangers se faisait par nos soins. Les autres denrées, au contraire, ainsi que les produits des abattoirs, étaient ou mises en vente ou livrées aux mairies d'arrondissements directement par le ministre. Les recensements nécessaires pour les distributions de ces denrées nous concernaient. Les moulins Cail dépendaient de la mairie, les autres du ministère du commerce. Nous étions ainsi mêlés à tout, responsables de tout, aux yeux du public, et ne disposant de rien ou de fort peu de chose.

On crut devoir, dans une excellente intention sans doute, établir une commission supérieure de subsistances. Deux économistes éminents (MM. Cochut et Cernuschi) et l'honorable directeur du chemin de l'est (M. Sauvage), en faisaient partie. La municipalité y était représentée par le maire et un adjoint. Quatre ministres y figuraient, le ministre de l'instruction publique, le ministre des finances, le ministre de l'intérieur et le ministre du commerce. Après le départ de M. Gambetta, il n'y en eut plus que trois. C'était à la fois trop et trop peu; le ministre des finances et le ministre de l'instruction publique ne pouvaient toucher que de bien loin aux questions alimentaires. D'un autre côté, la présence du ministre de la guerre eût été fort désirable. A la fin du siége, peu de jours avant la capitulation, trois maires d'arrondissement (MM. Vautrain, Desmarets et Tirard), furent appelés parmi nous. Ils ne vinrent guère que pour constater l'épuisement de nos ressources.

Le rôle de la commission bien compris pouvait être des plus utiles; mais il exigeait un travail immense. Il fallait établir la statistique de tous nos approvisionnements, suivre le mouvement des livraisons et des consommations, recevoir, lire et analyser les tableaux dressés à cet effet, se mettre en contact avec les maires des arrondissements, les syndics des corporations, le comité d'hygiène, les hommes spéciaux des industries alimentaires, prendre l'initiative de toutes les mesures urgentes, s'assurer de leur exécution, discerner parmi les réquisitions celles qui étaient indispensables et celles qui devaient être repoussées, étudier mûrement les divers systèmes de rationnement, diriger, d'après un plan rationnel, l'assistance publique, se mettre d'accord avec l'intendance, fondre en une seule toutes les autorités divergentes. La réalisation de ce programme fut ébauchée; elle ne fut pas poussée à fond. Aucun homme ne possède des aptitudes universelles, ni des forces illimitées. Les membres du gouvernement, qui s'étaient mis à la tête de la commission des subsistances, avaient, par excès de zèle, oublié cette vérité de bon sens. Irrégulièrement convoquée, dirigée sans énergie, trop peu en contact avec les choses et les personnes du dehors, ne possédant qu'une autorité incertaine, la commission supérieure était un simple rouage ajouté à la machine administrative, rouage plus embarrassant qu'efficace.

Souvent le gouvernement de la défense nationale intervenait d'une manière directe. Les réquisitions générales, les taxes réglant les prix de certaines marchandises, les dispositions relatives au rationnement lui étaient soumises ou émanaient de lui. Le caractère exceptionnel de ces mesures, exorbitantes du droit commun, les signalaient alors à l'attention du pouvoir, aujourd'hui il les désigne à la nôtre.

Dans une ville assiégée, la concurrence extérieure, faisant défaut, la détention des marchandises tourne au monopole, une partie des approvisionnements se trouve entre les mains de l'État, les nécessités publiques ont des exigences qu'il faut satisfaire de suite et à tout prix, le nombre de ceux qui ne peuvent plus vivre par leurs ressources personnelles augmente; de là l'impossibilité de maintenir intactes les règles ordinaires de l'ordre social. On est forcément conduit à restreindre la liberté du commerce, à exproprier, par des voies sommaires, les biens meubles comme les immeubles, à agrandir les cadres de l'assistance et la sphère de la réglementation. Mais de ce qu'on accepte un mal nécessaire, il n'en résulte pas que ce mal soit un bien, ni qu'on puisse impunément le considérer comme tel. La mutilation des libertés économiques doit être considérée comme une sorte d'opération chirurgicale qu'on circonscrit dans la limite du strict nécessaire, si on ne peut l'éviter.

* * *

L'inconvénient des réquisitions est plus ou moins grand selon la nature et la destination de l'objet requis. Les plus justes et les moins dangereuses sont celles qui sont destinées à un service public de l'ordre civil ou militaire. Elles répondent visiblement à des besoins impérieux et elles sont naturellement limitées par l'étendue de ces besoins. Elles constituent une charge qu'il n'est pas toujours facile de répartir d'une manière équitable, mais une indemnité bien calculée compense, dans une certaine mesure, les pertes subies et du moins, après avoir réparti la charge de la réquisition, il n'y a pas à en répartir le profit. Quand au contraire il s'agit de satisfaire aux besoins de la consommation privée, il faut fixer leurs limites, chose très-délicate ; puis il faut emmagasiner et conserver les objets requis, il faut enfin les distribuer aux consommateurs. La réquisition aboutit alors au rationnement. Dans l'un et l'autre cas, mais dans le second surtout, il importe de respecter les provisions de ménage. Pour les atteindre, on serait obligé d'avoir recours aux visites domiciliaires qui exigent un personnel énorme, le plus souvent choisi à la hâte, et donnent lieu à toutes sortes d'abus. Il importe aussi de ne pas requérir les objets qui sont susceptibles d'être dispersés par petites quantités ; si on les requiert, ils disparaissent, passent secrètement de main en main, s'enfouissent et quelquefois se gâtent sans que personne en jouisse.

Les taxes, au premier abord, paraissent moins inoffensives et plus commodes que les réquisitions. Elles ne violentent pas brutalement ceux qu'elles frappent, elles leur laissent la garde de leurs marchandises, avantage considérable, car ils les soignent beaucoup mieux que ne pourraient le faire les agents de l'autorité. Mais leur efficacité est médiocre et elles font bien vite place à des mesures plus radicales. En effet, si elles sont très-modérées, c'est-à-dire si elles s'écartent peu du prix courant, elles sont presque inutiles. Elles réfrènent peut-être les spéculations à la hausse par trop ardentes ; elles ne donnent pas à bon marché ce qui est cher. Si au contraire elles établissent un tarif très-bas, elles deviennent promptement inapplicables ; on s'ingénie de mille manières à les éluder et la surveillance la plus minutieuse ne réussit pas à déjouer les fraudes que commettent les débitants ayant pour complices une partie de leur clientèle. Quand, par un heureux concours de circonstances, la taxe réussit à contenir la hausse, elle a alors un autre inconvénient qui est d'exciter la consommation et par suite de compromettre les ressources de la ville investie ; non-seulement on ne consomme pas moins, mais on consomme plus qu'en temps ordinaire, la denrée taxée servant de succédanée à d'autres qui ne le sont pas ; c'est ainsi qu'on a vu le pain donné aux chevaux en guise d'avoine. Les taxes, comme les réquisitions, aboutissent tôt ou tard au rationnement.

De ce qui précède, il résulte qu'il ne faut taxer ou requérir, pour les besoins de la consommation privée, que les choses susceptibles d'être distribuées par voie de rationnement. Or, le rationnement est une mesure essentiellement égalitaire ; il n'est possible que si les choses rationnées existent en quantité suffisante pour être partagées entre tous ; ce qui exclut toutes les denrées qui n'entrent pas habituellement dans la consommation populaire. Il n'y a qu'une exception à cette règle, c'est le cas où l'on réserve certaines denrées à certaines catégories de consommateurs qui méritent une sollicitude particulière, par exemple aux blessés, aux malades, aux enfants, mais il faut avoir soin de bien déterminer ces catégories ; et, quelque soin qu'on prenne à cet effet, la faveur et l'intrigue obtiennent trop souvent ce qui est dû à la faiblesse de l'âge ou à la souffrance.

Le rationnement suppose toute une série d'opérations préliminaires qui demandent à être préparées longtemps à l'avance, telles que : relevé exact des denrées à distribuer, recensement des personnes, choix des locaux et des agents de distribution, confection des cartes individuelles. Une fois organisé, des efforts constants sont nécessaires pour le perfectionner dans ses parties défectueuses, et surtout pour empêcher les habiles de faire tourner à leur profit les vices du système.

On eût évité bien des fautes si l'on eût aperçu dès le principe le point extrême où il fallait pousser l'intervention administrative, afin de la rendre efficace et les limites rationnelles qu'il convenait de lui assigner. Des mesures autoritaires étaient indispensables ; il les fallait énergiques et radicales, mais restreintes dans leur application à un petit nombre d'objets. Toute autre, malheureusement, était la tendance de l'opinion publique.

De toutes parts on réclamait les taxes et les réquisitions avec une ardeur que nous avons peine à comprendre aujourd'hui. Dans certains clubs on demandait le rationnement universel. Tout le monde n'allait pas jusque-là ; mais dès qu'on voyait une denrée se raréfier, dès que les prix montaient, on s'adressait au gouvernement, on le pressait d'intervenir. On ne s'inquiétait ni des inconvénients de la perquisition, ni des difficultés de l'emmagasinage et de la distribution, ni des résistances que les tarifs officiels devaient susciter. On semblait croire à l'effet magique des formules autoritaires. A des degrés divers, la même impatience, la même ignorance, la même naïveté se retrouvaient dans tous les partis, dans toutes les classes de la société. Chose étrange ! les aspirations des socialistes, qui sont parfois légitimes, excitent la plus vive répulsion au sein de la bourgeoisie ; mais les préjugés, les erreurs, les fausses conceptions, qui sont la base de leurs doctrines, ont pénétré partout et gâtent les meilleurs esprits. J'ai reçu pendant le siége plusieurs milliers de lettres, la plupart ayant trait aux subsistances : une seule demandait la levée d'une réquisition ; les lettres en sens contraire se compteraient par centaines. Dans les assemblées des maires et adjoints, où siégeaient tant d'hommes distingués, quelques-uns éminents par leurs facultés intellectuelles, les mesures les plus rigoureuses étaient sans cesse sollicitées, accueillies par des transports de joie après le vote. Les conseillers improvisés, les donneurs d'avis qui nous accablaient de leurs visites, jour et nuit, parlaient dans le même sens, avec une force de conviction véritablement effrayante.

La presse quotidienne n'était guère mieux avisée. Ici, cependant, il faut faire quelques exceptions, au nombre desquelles je citerai en première ligne les articles de M. Jacques Siegfried, et ceux de M. Molinari. Les premiers nous furent fort utiles, d'autant plus qu'ils amenèrent leur auteur à nous prêter, d'une manière plus directe, un concours aussi loyal qu'éclairé. Quant aux articles de M. Molinari, très-justes au fond, ils renfermaient une formule un peu dure, qui devint aussitôt impopulaire et fut exploitée contre les économistes : « Le rationnement par la cherté » ne pouvait être proposé qu'avec beaucoup de réserves. — La cherté diminue le nombre des participants; elle ne diminue pas toujours les parts. — Il faut nourrir, par un moyen quelconque, ceux qu'elle exclut. — Elle doit avoir pour correctif le rationnement égalitaire appliqué à certaines denrées, et même les distributions gratuites. Ces réserves étaient faites par l'honorable écrivain, mais elles n'étaient pas inhérentes à la formule, qui circulait toute seule et ne faisait qu'aviver les passions.

Au milieu de l'entraînement général qui portait vers les mesures autoritaires, on ne songea que très-tard à la plus urgente de toutes : le rationnement du pain était relégué au nombre des hypothèses chimériques; on l'envisageait comme une sorte de spectre, avec un mélange de dédain et d'effroi ; on le jugeait presque impraticable; on se berçait de la douce illusion qu'il serait inutile d'y recourir.

Un pareil état de l'opinion publique ne pouvait manquer d'exercer son influence sur le Gouvernement issu de la révolution du 4 septembre. Il faut en tenir compte pour juger équitablement les mesures prises à cette époque. Ajoutons qu'on n'avait pas alors l'expérience, que nous avons, hélas ! si bien acquise aujourd'hui, et que le travail administratif, entravé déjà par la complication des rouages politiques, était troublé à tout instant par les excitations inséparables des grandes crises ; chacun croyait avoir une recette infaillible pour sauver la patrie, et tenait à l'exhiber. Je ne parle pas des émeutes : il n'y en eut que deux.

La taxe du pain et la taxe de la viande ouvrent la série des mesures exceptionnelles, le rationnement du pain (19 janvier) la ferme. Dans l'intervalle se placent la réquisition des farines, des céréales et des bestiaux, l'établissement des boucheries municipales, le rationnement de la viande, la réquisition des chevaux, des pommes de terre, de la charcuterie, de la houille, des bois de boulange, des bois de chauffage, et la taxe du sucre.

Diverses denrées appartenant à l'État ou à la Ville, soit par suite d'achats au dehors antérieurs au siége, soit par suite de réquisitions, ou même d'achats à l'intérieur, furent distribuées à prix d'argent par l'intermédiaire des mairies. Parmi elles figuraient le riz, les haricots, les pommes de terre, les fromages, le charbon de bois, l'huile, la graisse. — Les mêmes denrées donnèrent lieu aussi à des distributions gratuites faites par l'intermédiaire des bureaux de bienfaisance, des fourneaux économiques et des cantines municipales. Les bons de pain étaient très-nombreux, si nombreux qu'ils devinrent avant le rationnement l'objet d'une spéculation odieuse; après les avoir accumulés, on les présentait brusquement, et l'on épuisait tout à coup une boulangerie, comme on épuise une banque pour la faire sauter.

La taxe du pain, arrêtée d'accord avec les syndics de la boulangerie, ne souleva aucune difficulté. Il en fut autrement de la taxe de la viande; elle rencontra de la part des bouchers une résistance opiniâtre, qui ne put être vaincue que par la création des boucheries municipales. Il est évident du reste que ni le prix du pain, ni le prix de la viande, ne pouvaient rester libres, puisque l'État fournissait les farines et les bestiaux.

La taxe du sucre n'était pas justifiée par des motifs aussi impérieux. C'était cependant une de celles que le public réclamait avec le plus d'insistance. Nous résistâmes longtemps. Une hausse assez forte, qui se manifesta vers la fin de décembre, nous fit céder. Les syndics de l'épicerie nous proposèrent un tarif très-raisonnable, qui tendait à modérer les spéculations plutôt qu'à gêner le commerce. Ce tarif adopté par le maire de Paris (M. Jules Ferry), passa le lendemain à l'*Officiel*, avec des modifications qui en dénaturaient le caractère. On avait augmenté, 'un peu à la hâte, l'écart entre le prix légal et le prix réel. De là, plaintes des consommateurs qui ne pouvaient plus trouver de sucre, et de la part des épiciers une véritable avalanche de réclamations. Ces derniers allaient même jusqu'à demander une indemnité : ils voulaient être comptés parmi les victimes du siége, oubliant bien entendu de faire la balance entre les pertes causées par la taxe et les bénéfices d'un débit fructueux qui avait duré quatre mois.

Parmi les réquisitions, deux seulement méritent d'être blâmées. Les farines, les céréales, les bestiaux étaient absolument indispensables pour l'alimentation, ou pour des services publics de premier ordre. Sans être facile, la saisie de ces ressources si précieuses n'offrait pas d'obstacles insurmontables; quelques-unes pouvaient se dérober aux recherches, mais la grande masse devait, par sa nature même, tomber sous la main-mise de l'administration. On avait eu soin d'ailleurs d'excepter les provisions de ménage. Mais la voie des réquisitions est une voie glissante; on ne sut pas s'arrêter au point convenable.

Les pommes de terre étaient devenus rares; on les tirait à grand'-peine de la banlieue, quelquefois sous le feu de l'ennemi; naturellement elles se vendaient très-cher. Cette cherté excessive irritait la population parisienne. L'assemblée des maires et adjoints demanda la réquisition des pommes de terre. J'essayai en vain de l'en détourner. Le maire du 4e arrondissement, M. Vautrain, se trouva seul de mon avis. La réquisition fut votée, puis décrétée; le résultat, que nous avions annoncé à l'avance, se produisit immédiatement; on parvint à saisir une centaine d'hectolitres; le reste disparut, se vendit d'une manière clandestine, se gâta au fond des caves ou dans d'autres lieux. Il est vrai qu'on eut la joie de de ne plus voir le tubercule envié se vendre publiquement à haut prix. Pendant plusieurs semaines, on admira en silence le bel effet de la réquisition. Un citoyen intelligent (je regrette d'avoir oublié son nom) réclama en faveur du libre commerce. La réquisition fut levée, et les pommes de terre reparurent. La charcuterie subit le même régime avec le même genre de succès. Cette fois, cependant, les maires d'arrondissement, se méfiant des économistes de la mairie centrale, s'étaient chargés en personne d'exécuter le décret; leur zèle ne trouva pas sa récompense: les saucissons, les jambons et autres comestibles analogues, de nature appétissante, se montrèrent non moins aptes à la fuite que les pommes de terre. Le ridicule de ces tentatives sauva l'épicerie : on se contenta de la soumettre à une enquête.

Les mesures relatives au rationnement et à la distribution, gratuite ou non gratuite des denrées, furent pendant le siége l'objet de critiques très-nombreuses et très-vives, souvent injustes. La plupart des abus dont on se plaignait tenaient à l'essence même des mesures anormales que la nécessité nous imposait. D'autres se rattachaient à cette division des pouvoirs dont nous avons parlé plus haut. Entre les maires d'arrondissement et la mairie centrale, il n'y avait pas de liens assez étroits. De là des disparités choquantes et des tiraillements fâcheux dans l'exécution des arrêtés municipaux. Entre les maires et le ministère du commerce, les rapports étaient encore moins intimes. Les intentions du ministre n'étaient pas toujours bien comprises. De son côté, le ministre ne pouvait apprécier tout le poids de la charge qui incombait aux maires. Il leur faisait une première distribution en raison du nombre de leurs administrés; il les laissait ensuite se débrouiller de leur mieux, et faire la part de chacun. Il arrivait parfois que les quantités à distribuer étaient trop petites pour donner lieu à une répartition égale et commode entre tous les consommateurs. Il fallait alors ou les réserver pour les joindre à d'autres, ce qui occasionnait un encombrement déplorable, ou bien limiter le nombre des participants. Les avis qui annonçaient la distribution à faire étaient quelquefois tardifs, et le temps manquait pour la bien régler.

Le défaut d'une centralisation suffisante se faisait sentir bien davantage à propos des distributions gratuites. Une commission, que j'eus l'honneur de présider, et qui avait pour secrétaire M. Jacques Siegfried, essaya d'établir entre les cantines municipales, les bureaux de bienfaisance, les fourneaux économiques et autres établissements d'assistance, publics ou privés, à défaut d'organisation commune, une entente amiable, des communications régulières ; mais cette commission, purement officieuse, ne réussit pas à vaincre les résistances qu'elle rencontra. Contrairement à nos habitudes françaises, l'assistance, pendant le siége, fut très-peu uniforme, trop peu, selon moi ; ce qu'on ne peut lui reprocher, c'est d'avoir été trop étroite : le nombre des assistés dépassa le chiffre de 400,000.

Le goût intempestif de la décentralisation eut un autre effet qu'il importe de signaler. Le recensement, qui était la base de toutes les distributions, resta longtemps confié aux mairies locales. On n'obtint de cette manière que des résultats incomplets, tardifs et inexacts (1). On se décida enfin à un travail d'ensemble qui fut exécuté en trois semaines, par les ordres et avec les ressources de de la mairie de Paris, sous la direction de M. Richard, ancien maire du XIXe arrondissement. Ce dernier recensement n'était pas irréprochable, mais il était moins défectueux que les autres, et il permit de rationner le pain sans trop de mécomptes.

La faute capitale, commise à cette époque, est d'avoir rationné le pain trop tard. Le rationnement de la viande suivit de près la taxe de la boucherie. Le nombre des bestiaux était si visiblement inférieur aux besoins d'un long siége, qu'on sentit de suite la nécessité

(1) Le maire du XVIIe arrondissement, M. François Fabre, nous présenta un très-beau travail, très-consciencieux et très-digne de confiance, mais c'était à la fin de décembre.

de limiter la consommation de la viande. La farine et les céréales abondaient. Il y avait là une ressource qui semblait inépuisable. Dans le public, on se faisait à cet égard les illusions les plus étranges. Le Gouvernement ne crut pas prudent de les dissiper. Il déclara même, d'une manière solennelle, que le pain ne serait pas rationné. Cette déclaration me causa un véritable désespoir. Qu'entendait-on par là? Qu'on serait prochainement délivré? Ce n'était guère probable. Qu'on capitulerait avant d'avoir subi les dernières épreuves? C'était se vouer au déshonneur. Qu'on pouvait indéfiniment puiser dans nos réserves? C'était le contraire de la vérité; car, à ce moment même (décembre 1870), on commençait à mélanger l'avoine avec le froment. On se proposait, il est vrai, d'apaiser certaines paniques; mais avec le rationnement les paniques n'étaient plus à craindre. Sans doute il était très-dur de restreindre l'aliment populaire par excellence; il fallait s'y résoudre néanmoins, sous peine de succomber avant l'heure; et, puisqu'on devait tôt ou tard en arriver à cette résolution suprême, mieux valait s'y préparer à l'avance, et l'adoucir en la préparant.

Le rationnement officiel du pain n'eut lieu que le 19 janvier, au taux de 300 grammes. Il aurait dû être établi depuis deux mois, et, en fait, depuis plusieurs semaines il existait; car, en dépit de toutes les déclarations gouvernementales, quand on ne dispose que de 5,000 quintaux par jour, et que la consommation en demande 7,000, il faut bien, d'une manière ou d'une autre, rationner le consommateur. Les livraisons faites aux boulangers étant limitées, les boulangers eux-mêmes limitaient leur clientèle; mais ce système (qui avait séduit quelques membres de la commission des subsistances) créait des désordres monstrueux; personne n'était assuré d'avoir sa part, et beaucoup, par la violence ou la ruse, obtenaient plus que leur part. Le rationnement légal, quoique très-strict, fut donc un bienfait relatif, puisqu'il remplaçait le rationnement arbitraire. Du reste, aucune des prévisions sinistres qui avaient été exprimées à ce sujet, ne se réalisèrent. La population supporta avec courage et avec calme cette dernière épreuve. On s'était familiarisé avec l'usage des cartes d'alimentation. On s'en servit pour le pain comme on s'en servait déjà pour la viande, le combustible et tant d'autres choses. Des réserves, fournies par quelques gros boulangers, et par l'usine Scipion, permirent de faire face aux réclamations les plus pressantes. Ces réserves épuisées, on avait encore, pour les cas imprévus, la ressource du biscuit. On put attendre ainsi, non sans de grandes souffrances, mais sans famine, l'époque du ravitaillement, c'est-à-dire les premiers jours de février.

Après tant d'épreuves, il semble qu'on aurait dû être dégoûté

des mesures autoritaires. On avait vu combien il est difficile de
résoudre, par les procédés administratifs, ce problème de la distribution des vivres résolu d'une manière si simple sous l'empire de
la liberté. Que de gênes la réglementation impose ! que de temps
perdu, que de forces gaspillées, que de santés compromises pour
se procurer sa carte, pour obtenir, après une longue attente, sa ra-
tion et celle de sa famille, pour se contrôler et se surveiller les uns
les autres ! Quels embarras, quels retards cruels, résultent de la
moindre négligence, d'un simple changement de domicile !
Quelle égalité brutale que celle qui exige de tous les mêmes goûts
et leur suppose les mêmes besoins ! Et pour maintenir cette triste
égalité, que d'efforts, quel déploiement de police, que de dénon-
ciations, que d'enquêtes ! Malgré tout, l'inégalité se glisse à travers
les mailles du filet réglementaire. Ce n'est plus l'inégalité au profit des plus actifs, des plus utiles, mais l'inégalité au profit des in-
trigants, des fraudeurs. Le régime communiste favorise les forts
au préjudice des faibles, tout autant, et plus peut-être, que le régime libéral ; seulement la supériorité qu'il favorise ne consiste
pas à produire davantage, mais à s'ingénier pour consommer plus
en produisant moins. Le nombre des rations de pain distribuées dépassa de 200,000 le chiffre réel de la population. L'écart eût été
plus grand encore, si l'on n'avait eu l'idée d'offrir du biscuit en
guise de part supplémentaire ; le biscuit était accepté avec empressement de ceux qui réclamaient à juste titre ; les autres le dédai-
gnaient. Ce seul fait, choisi entre mille, peut donner l'idée du désordre qui s'introduirait dans l'ordre social le jour où la liberté en
serait exclue.

Et cependant, par une étrange aberration de l'esprit public, la
liberté à l'issue du siège fut accueillie avec méfiance. Les maires et
adjoints d'arrondissement étaient préoccupés surtout de prolonger
le plus possible le rationnement. Ils tremblaient de le voir cesser
trop tôt. On hésita même à admettre l'entrée dans Paris des viandes
apportées du dehors. Une longue discussion s'engagea à ce sujet
dans le sein de l'assemblée municipale. La crainte du ridicule et le
sentiment patriotique l'emportèrent enfin sur le fanatisme égalitaire. Fermer nos portes à l'introduction libre des denrées alimentaires, c'eût été faire croire à l'étranger que nous avions encore des
ressources considérables, que nous avions lâchement capitulé, sous
prétexte d'une disette mensongère ; Paris perdait le bénéfice moral
de sa longue résistance, il se déshonorait aux yeux de l'Europe.
Cette honte nous fut épargnée. On se résigna à recevoir du dehors
une nourriture extra réglementaire.

Le ravitaillement se fit, en grande partie, par l'intermédiaire de l'État. On a critiqué depuis les marchés conclus par le
ministère du commerce; s'il ne les avait pas faits, on l'aurait
blâmé bien davantage. Je crois néanmoins qu'il aurait mieux valu
braver sur ce point l'opinion publique. Il fallait s'assurer des farines
pour une ou deux semaines; pour tout le reste, avoir foi dans la
liberté : la France entière avait l'œil sur nous; ravitailler Paris,
était l'objectif de quiconque voulait gagner de l'argent; la différence
entre les négociants honnêtes et les faiseurs d'affaires, c'est que les
premiers comptaient agir loyalement à leurs risques et périls, les
seconds demandaient un contrat en règle qui leur assurât une si-
tuation privilégiée. Beaucoup de ces faiseurs étaient venus me
trouver dès le mois d'octobre. A tous j'adressais la même question : vous nous proposez sans doute de nous ravitailler pendant le
siége? Oh! non, répondaient-ils, c'est impossible. — Alors que
nous offrez-vous? Après le siége, il y aura un pourvoyeur plus ha-
bile que vous et plus puissant que l'État, le libre commerce.

Je quittai l'Hôtel-de-Ville, le 15 février. A cette époque le ravitaillement, malgré le mauvais état des chemins de fer, était à peu
près achevé. Je me sentais à bout de forces ; j'estimais d'ailleurs
que le moment était venu de renouveler l'autorité municipale; je
souffrais de la persistance des illusions et je partis tout plein de
tristes pressentiments.

Aujourd'hui le calme a succédé à l'agitation ; la fièvre des grandes
crises est tombée, les désastres causés par la guerre étrangère et
la guerre civile se réparent; la nation se recueille et ses derniers
votes la montrent disposée à consolider le régime républicain. Mais
l'œuvre de régénération que nos malheurs nous imposent est loin
d'être accomplie. La plupart de nos institutions doivent être radi-
calement réformées. Nos mœurs, nos habitudes d'esprit, nos tendances intellectuelles demandent une réforme bien autrement
profonde et difficile.

Je ne sais quel écrivain humoriste (Heine, je crois,) a dit: «Chaque peuple aime la liberté à sa manière; les Anglais l'aiment
comme une femme légitime, les Français comme une maîtresse,
les Allemands comme une grand'mère. » Il y a du vrai dans cette
boutade. Nous aimons en effet la liberté par caprice, d'une manière
intermittente; nous l'aimons sans la respecter, et si follement, si
aveuglément, que parfois nous prenons pour elle son contraire. Il
nous arrive de la confondre avec la violence et alors nous déplo-
rons ce qu'on appelle, bien à tort, ses excès; ou avec la souverai-

neté et alors nous nous imaginons qu'un peuple est libre par cela seul que les majorités gouvernent. Nous la comprenons si peu que nous lui opposons tantôt l'ordre, tantôt l'égalité, ne voyant pas qu'en dehors d'elle il ne peut y avoir que le désordre plus ou moins habilement déguisé et que d'autre part la seule égalité raisonnable, la seule possible, c'est la liberté égale pour tous. Poursuivant ainsi, les uns un ordre injuste ou mensonger, les autres une égalité chimérique, nous tolérons de sang froid, ou nous provoquons sans scrupule les coups qui portent atteinte à la liberté, puis repris d'une belle ardeur pour celle que nous avons délaissée, nous nous étonnons, avec une naïveté enfantine, de voir qu'elle nous manque, et qu'avec elle l'âme même de la vie sociale a disparu.

Au fond, nous sommes un peuple autoritaire. L'autorité seule nous inspire confiance. Nous la voulons forte et surtout très-étendue. Il est vrai que son extension nuit à sa force. Epuisée par la dispersion de ses efforts, embarrassée par les complications de son organisme, elle entrave tout et n'empêche rien d'une manière absolue. Elle nous plaît ainsi. Et en effet, ainsi constituée, ce n'est plus une règle rigide, maintenant inflexibles les droits de chacun, c'est une machine à compression qui se prête aux combinaisons les plus diverses et brise les résistances individuelles. Nous attendons d'elle des miracles : par exemple la conversion subite des incrédules ou l'abolition immédiate de la misère. Le miracle ne se faisant pas, nous invoquons une autre autorité, mais toujours l'autorité. Il ne nous vient pas à l'idée que notre initiative puisse servir à quelque chose, à moins qu'elle ne serve à peser sur les décisions du gouvernement.

Le positivisme ne nous a pas rendus positifs, au contraire : nous transportons dans le monde des réalités terrestres les méthodes et les formules de l'orthodoxie. Le libre examen ne nous répugne pas moins dans les questions sociales que dans les questions religieuses. Les affirmations téméraires, les déclarations dogmatiques, les manifestations théâtrales, tout ce qui caractérise les églises orthodoxes, tout jusqu'au fanatisme et à l'intolérance, se retrouve au sein de certaines sectes socialistes.

Après avoir exclu la liberté du domaine qui lui est propre, nous prenons quelque chose qui lui ressemble comme une caricature à un portrait, et nous l'installons dans notre vie privée et publique. Servile devant l'autorité, on recouvre son indépendance devant la morale. Le dérèglement devient la règle. Le sentiment de la justice disparaît. Toute la vertu consiste à être bon enfant, c'est-à-dire facile de mœurs, prompt à accorder des faveurs et à ménager les faiblesses d'autrui, qui en retour ménage les vôtres. On ne se sent

lié par aucune promesse : les locataires trouvent tout simple de ne
pas payer leur terme et les débiteurs très-commode de suspendre
indéfiniment leur liquidation ; les généraux capitulent après avoir
juré de se battre jusqu'à la mort ; les hommes politiques, une fois
au pouvoir, oublient les principes qu'ils professaient avant d'y être.

Ce n'est pas seulement le sens moral qui est vicié par un sem-
blable dérèglement. Les facultés intellectuelles s'en ressentent. Les
qualités solides sont sacrifiées aux qualités brillantes. Le manque
de sérieux, le défaut de précision et d'exactitude nous rendent incapables de rien prévoir, de rien mesurer. Il en résulte que nous
sommes toujours surpris et qu'en toute chose nous arrivons toujours trop tard.

Le mépris de la science est visiblement le trait qui caractérise le
mieux notre état menta.. Qui donc avant Sadowa, ou même après,
aurait eu, chez nous, confiance en M. de Moltke? Nos sabreurs
empanachés, tout fiers de leurs campagnes en Afrique, en Italie,
en Crimée, en Chine (je ne dis pas au Mexique), n'auraient eu que
du dédain pour ce vieux professeur de stratégie. Le même dédain
se retrouve partout. Il suffit qu'un homme sache pour qu'on mé-
prise ses avis. On paraît croire que plus on a étudié une question,
moins on est apte à la résoudre. Les fous et les charlatans qui ne
doutent de rien et tranchent les plus graves problèmes sans en con-
naitre les données, attirent à eux les impatients et les ardents, les
passionnent, les exaltent et les poussent aux abîmes. Les modérés,
les sages, décorent du nom de pratique l'empirisme le plus grossier;
en temps de crise ils ont recours aux expédients; la crise une fois
passée, ils reviennent à la routine. Pour eux, il n'y a pas de principes certains, pas de lois scientifiques dans l'ordre social; ils re-
poussent les réformes les plus raisonnables, les plus urgentes, les
plus mûres; tout cela, c'est de la théorie, et ils ont horreur de la théorie, car ils sont pratiques, disent-ils, dégagés de l'esprit de système. Ne pas avoir de système, c'est-à-dire ne pas avoir d'idées
liées ensemble, pas de plan, pas de logique, pas de direction, quelle
belle chose! Et surtout quel excellent prétexte pour justifier les
abus, perpétuer les injustices, conserver les priviléges, éterniser
la routine et favoriser les intérêts de ses amis, sous le couvert de
l'intérêt public!

Faut-il donc désespérer de la France? Non, et voici les motifs qui
m'encouragent à croire que nous nous relèverons.

D'abord notre histoire prouve qu'il y a du ressort en nous.
Nous sommes tombés déjà bien des fois et bien bas. Après chacune

de ces chutes, nous nous sommes relevés et nous avons su tirer de
nos épreuves des forces nouvelles. Ensuite, dès à présent on peut
dire qu'on voit apparaître quelques bons symptômes. Les élections
du 30 avril, du 2 juillet et du 8 octobre valent infiniment mieux
que celles du 8 février. Les libertés municipales et départementales
sont prises au sérieux. Le protectionnisme, malgré la présence de
ses chefs au gouvernement, ne rencontre dans le pays qu'un
accueil assez froid. On demande de tous côtés le développement de
l'instruction et il est probable que, sous la pression de l'opinion
publique, on tentera quelque chose pour diminuer le scandale de
notre ignorance. La diffusion des connaissances élémentaires finira
sans doute, à la longue, par nous ôter cette infatuation, d'où naît
le mépris systématique de la science. A mesure que nous nous éloi-
gnons de l'empire, l'atmosphère morale et intellectuelle se purifie.
Tous les miasmes ne sont pas chassés, mais le grand foyer de cor-
ruption, le foyer central est éteint.

Si je me reporte à la période du siége, je trouve dans mes souvenirs un autre motif d'espérer. Il ne faut pas juger Paris d'après
quelques quartiers où les haines sociales, perfidement entretenues,
étouffent le patriotisme. La population parisienne, dans son ensemble, a déployé pour la chose publique un zèle admirable : les priva-
tions, le froid, l'absence de nouvelles, les sorties manquées, le
bombardement, rien n'a pu la faire fléchir. Les femmes souffraient
avec plus de patience et bravaient le danger avec autant de courage
que les hommes. Je laisse à des juges plus compétents que moi le
soin d'apprécier les opérations militaires. Il est certain que la gan-
grène impériale avait pénétré dans l'armée plus profondément
qu'ailleurs. Dans la conduite des affaires civiles et particulièrement
des affaires municipales, des fautes ont été commises, mais à part
de rares exceptions il n'y a pas eu de défaillances. Dans les mairies
d'arrondissement, à l'Hôtel-de-Ville, jour et nuit, les administrateurs étaient à leur poste. Je me rappelle maintes circonstances où
il fallut à onze heures du soir, malgré la neige et le verglas, assurer la distribution des farines. Dans ces occasions, le concours le
plus empressé ne manquait jamais de nous être offert. Malgré
notre affaissement moral, quand le devoir est clair et net, il s'impose et les actes s'y conforment.

Le trouble des consciences vient du trouble des esprits. L'imagi-
nation et l'ingéniosité ne suffisent pas pour sauver un peuple de la
décadence intellectuelle. Il importe avant tout que le jugement se
fortifie, que des idées saines et fécondes remplacent les rêveries sté-
riles, les conceptions maladives, les superstitions du passé. Or il y
a deux choses qui fortifient le jugement et qui donnent des idées

justes : la liberté parce qu'elle permet à chacun de disposer de lui-même à ses risques et périls et d'influencer ses semblables par la persuasion; la science, parce qu'elle nous montre la réalité telle qu'elle est et qu'en nous dévoilant les lois de la nature elle nous enseigne à les tourner au profit de l'humanité. Une liberté plus complète et plus vraie, une science plus profonde, plus respectée et plus répandue, tels sont les deux éléments essentiels de notre régénération. Si nous nous décidons enfin à reconnaître leur prix, nous n'aurons rien à envier à l'Allemagne et nous aurons sur elle, aux yeux du monde civilisé, cette supériorité qu'au-dessus de la force nous aurons mis le droit.

Recevez, mon cher Garnier, l'assurance cordiale de mes sentiments dévoués.

J. J. CLAMAGERAN.

Novembre 1871.

Paris. Typ. A. Parent, rue Monsieur-le-Prince, 31.

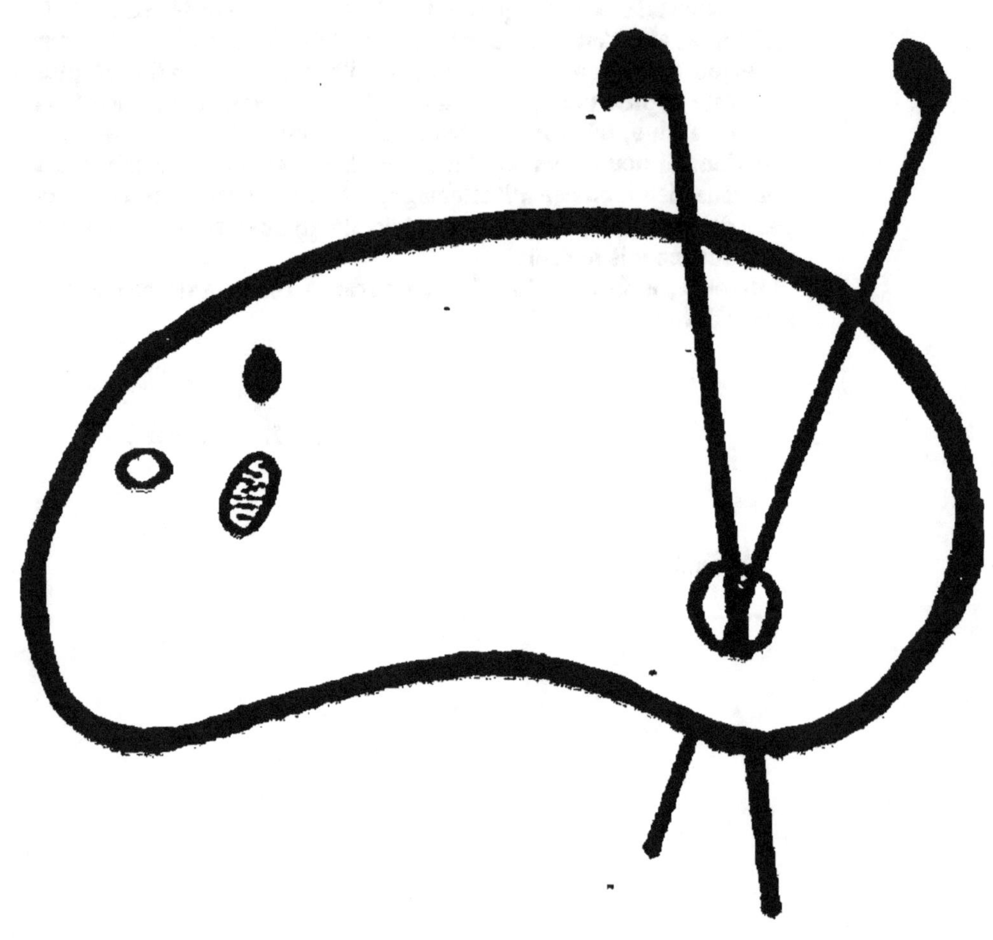